AF175576

Carsten Klook

1200 Jahre im August

SLACKERS W(I)E LIKE US:

SINN@losigkeit

# 1200 Jahre im August

## SLACKERS W(I)E LIKE US:

### SINN@losigkeit

von Carsten Klook

 Klookbooks
2021

Bibliografische Information der Deutschen Nationalbibliothek

Die Deutsche Nationalbibliothek verzeichnet diese Publikation
in der Deutschen Nationalbibliografie; detaillierte bibliografische Daten sind im Internet über http://dnb.d-nb.de abrufbar.

Impressum

1. Auflage 2021
© Klookbooks Hamburg

Alle Texte und Illustrationen © Carsten Klook
www.carsten-klook.de

Layout & Satz: Ralf Wolf
www.autorenservice.net

Herstellung und Verlag:
BoD – Books on Demand, Norderstedt

ISBN 978-3-754345-58-0

„**Slacker** (englisch, von *slack,* „lustlos", „schlaff") ist eine Bezeichnung für eine Person, deren Lebensstil durch geringe Leistungs- und Anpassungsbereitschaft in Schule oder Beruf gekennzeichnet ist.

Ursprünglich wurde der Begriff in den Vereinigten Staaten für Menschen benutzt, die sich dem Wehrdienst entziehen wollten. In den 1990er Jahren vollzog sich eine Begriffswandlung. Zunächst als Reaktion auf entsprechende, als negativ wahrgenommene, jugendkulturelle Tendenzen der Generation X ein deutlich abwertender Begriff, kann *Slacker* heute auch allgemein eine unkonventionell lebende Person bezeichnen.

Weithin bekannt wurde der Begriff durch den Film *Slacker* (1991) von Richard Linklater, dessen deutscher Titel *Rumtreiber* lautet.

Slacker sehen ihre Lebensweise als Weg zur Selbstverwirklichung an, indem Anstrengungen in von ihnen als unwichtig eingeschätzten Bereichen konsequent vermieden oder zumindest aufgeschoben werden. Kennzeichnend ist dabei unter anderem der Verzicht auf berufliche Karriere, sozialen Aufstieg und Statussymbole. Dem äußeren Erscheinungsbild wird wenig Bedeutung zugemessen. Slacker sind in der Regel nicht in formellen Gruppen organisiert." *(Wikipedia)*

„sich aufhalsen : Etwas"

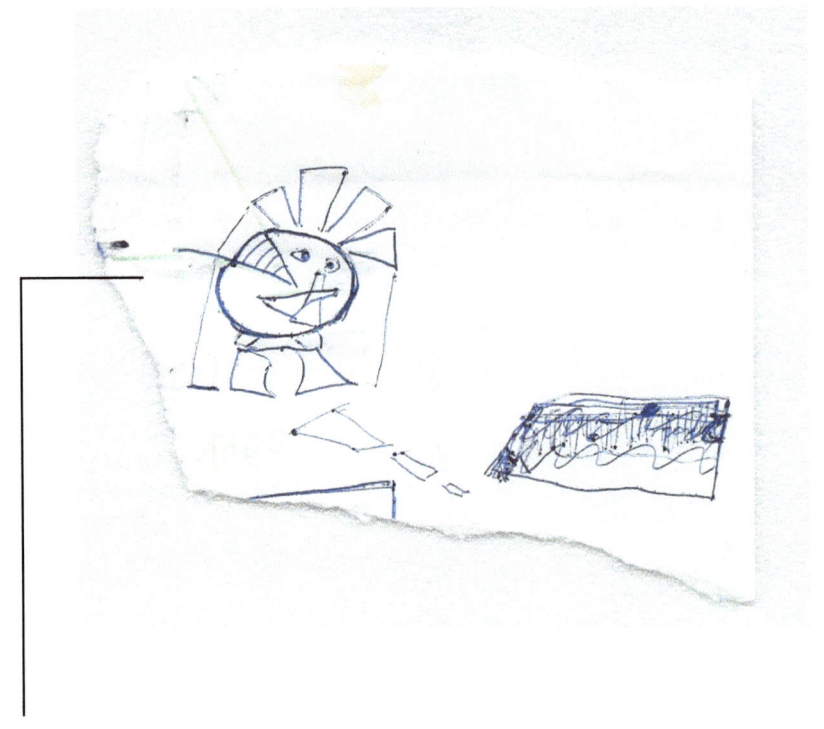

Ein Ventilator auf dem Weg zu sich selbst … zum Nordpol?

„Beweg' Dich mal nicht, damit die Meise kommt!"

„ ⋯

‥

˙ "
˙

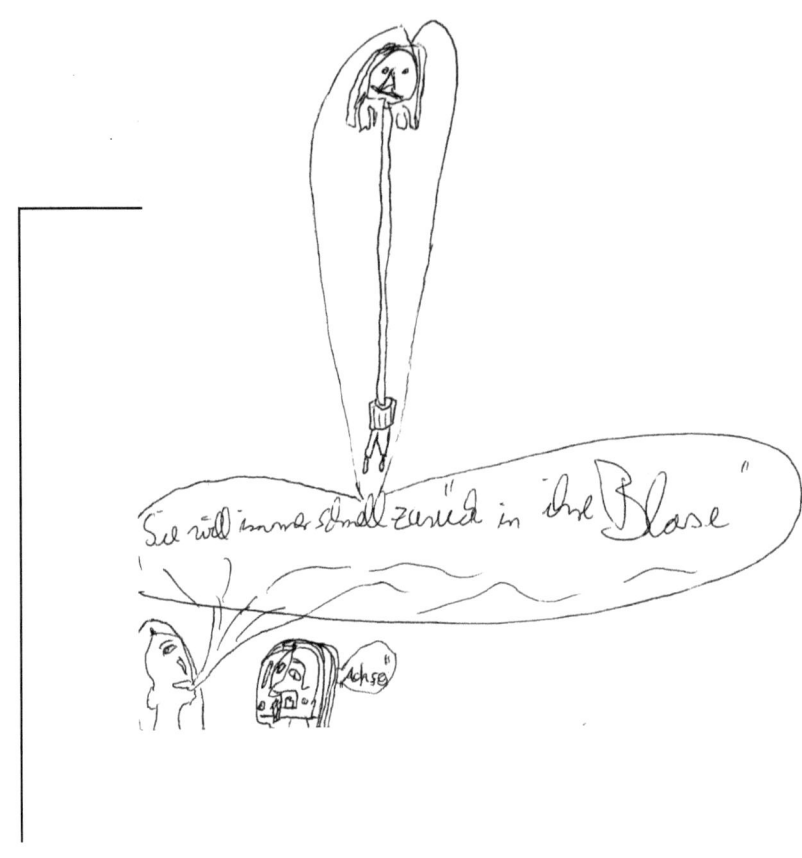

„Sie will immer schnell zurück in ihre Blase."
„Ach so."

„Und … wie war Ihr Corona?"
„Einige unserer grauen Zellen haben sich schwarz geärgert."

Soul Surfin'

„Släcka? Uralt und Schnee von gestern! Aber ja, das ist genau das, was ich in mir vermutet habe, wer ich bin und was mir verinnerlicht wurde since I was born … as a slippy slider."

„Ich find's gut, wenn Leute die Podeste, auf denen sie stehen, selbst mitbringen."

IM ZEICHEN DER WIEDERVEREINIGUNG:

NEU!
DAS GIBTS JETZT
AUCH IM OSTEN!

TRANSOSTIT

**Schon reichlich älter …
das Teil:**

Im Zeich-n-en der
Wiedervereinigung:

„Das wird ja
immer schöner!"

Bekenntnisse eines pflanzlichen Ledergerbers

„… ganz aus sich herausgehen"
„Das Unvermögen, 1 Idee füllen zu können."
Mit etwas anderem, als dieser Idee? Mit*nichten*.

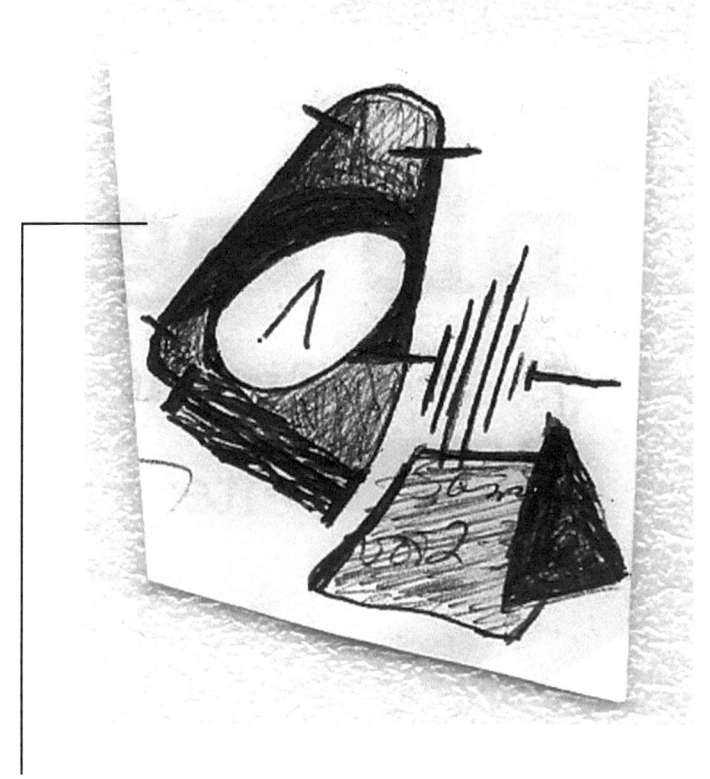

„Frontleichnam!
Aber wohin mit dem? In mein Bett bitte nich!?"

Das Leben ist ein einziges Mussverständnis.

# WIDERSTAND GEGEN DIE WARZGESTALT

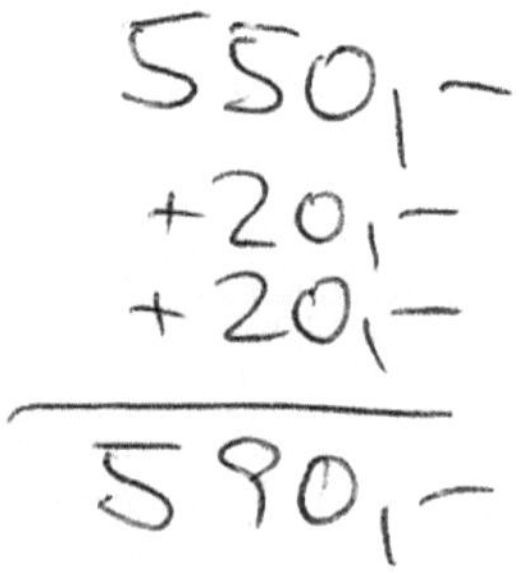

550.- Schulden Carsten an →C

28. August 10³⁰ Zahnarzt

$$
\begin{array}{r}
550,- \\
+20,- \\
+20,- \\
\hline
590,-
\end{array}
$$

Liebesbeziehung mit
Schuldenzwerg

MS'ler kennen ihn: den Versumpfungsfuß.

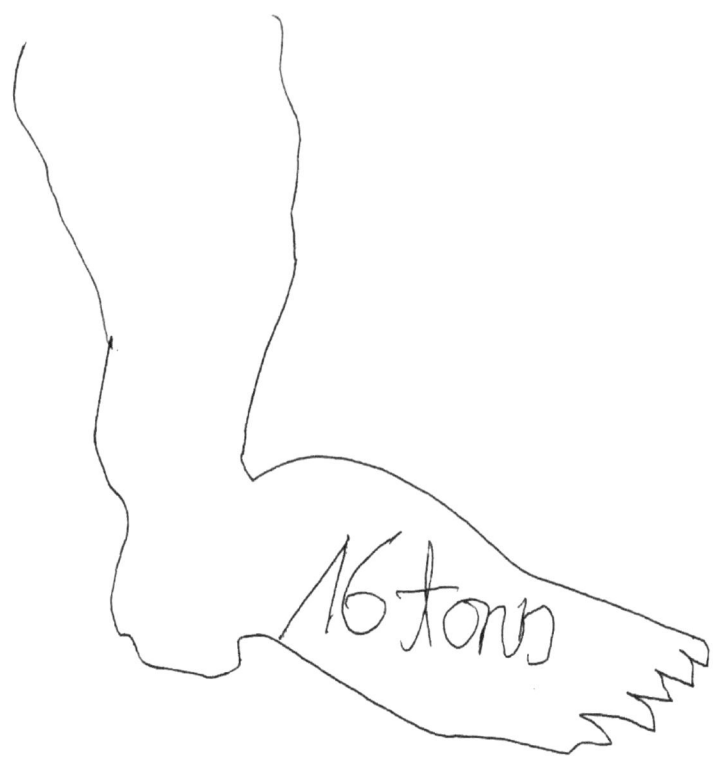

Neues aus dem Landkreis
Herzogtum Lauenburg

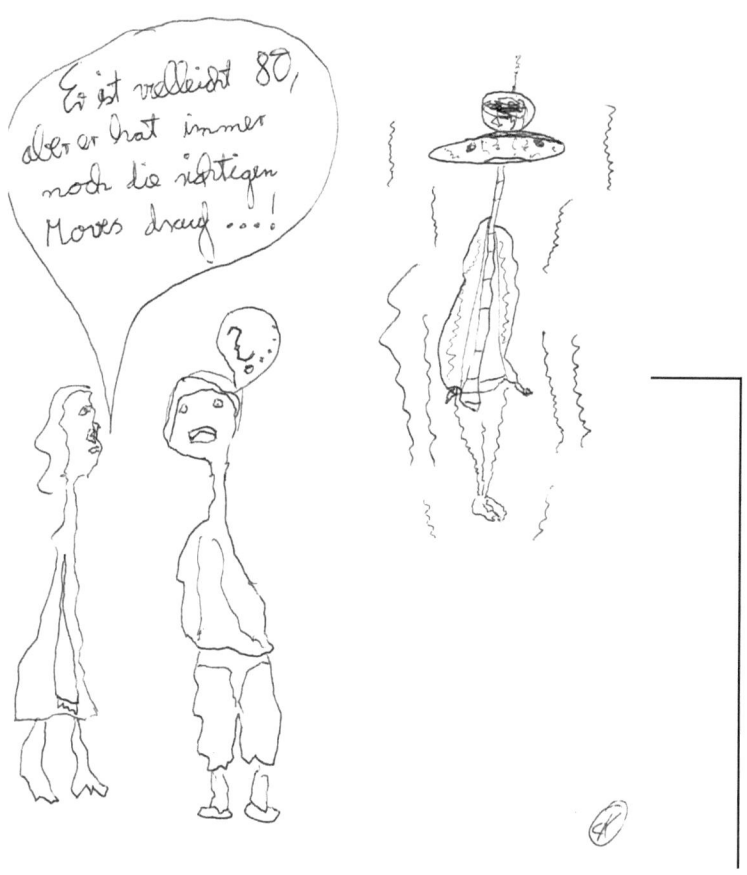

„Die ,richtigen' sagt man nicht mehr, sondern die ,krassesten' Moves."
„Hä?"

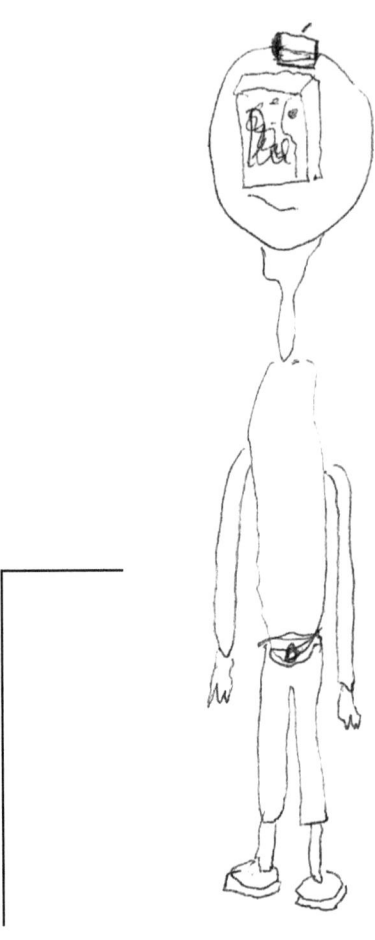

LEPTOSOM ALONE NOt JOEY RAMONE

Hommage an Beuys

Eines Tages ging der Cowboy, der nichts anderes als die Seefahrt im Kopf hatte, ohne sein Seepferd nach Hause …
(unwitzig)

Ein Totem für jeden?

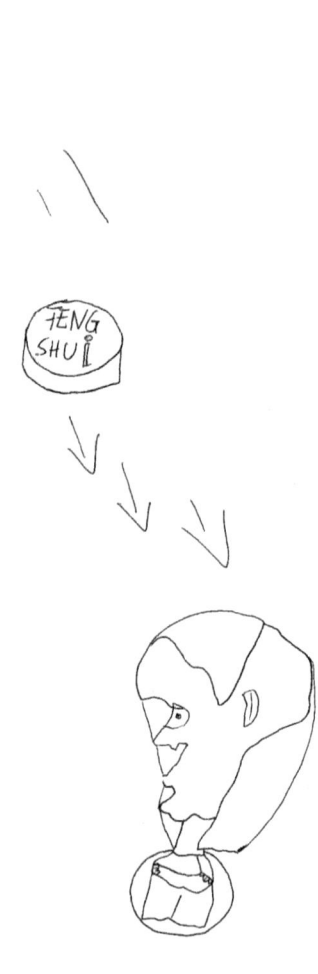

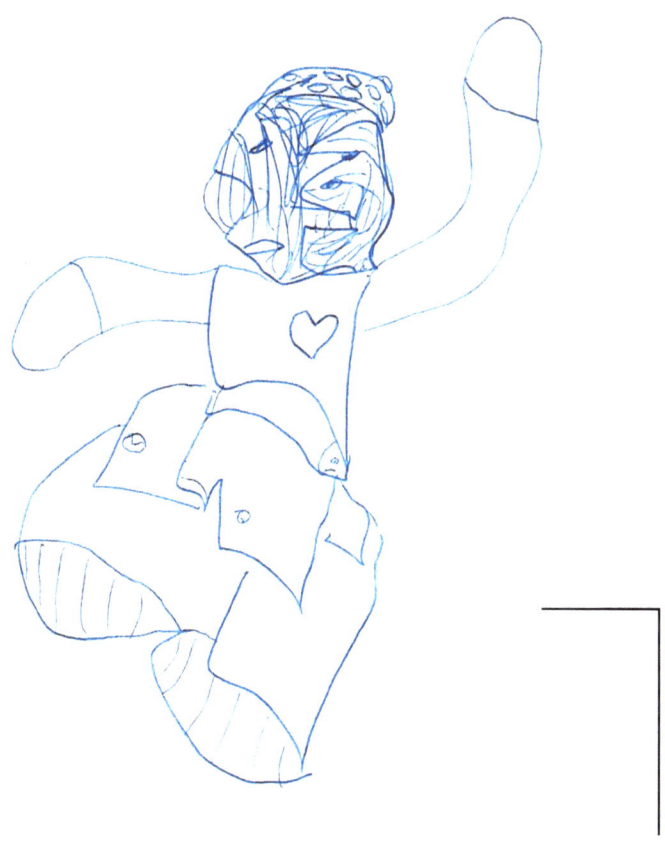

„Als Hosenfisch zu blass" oder: Appe Beine haben keine App.

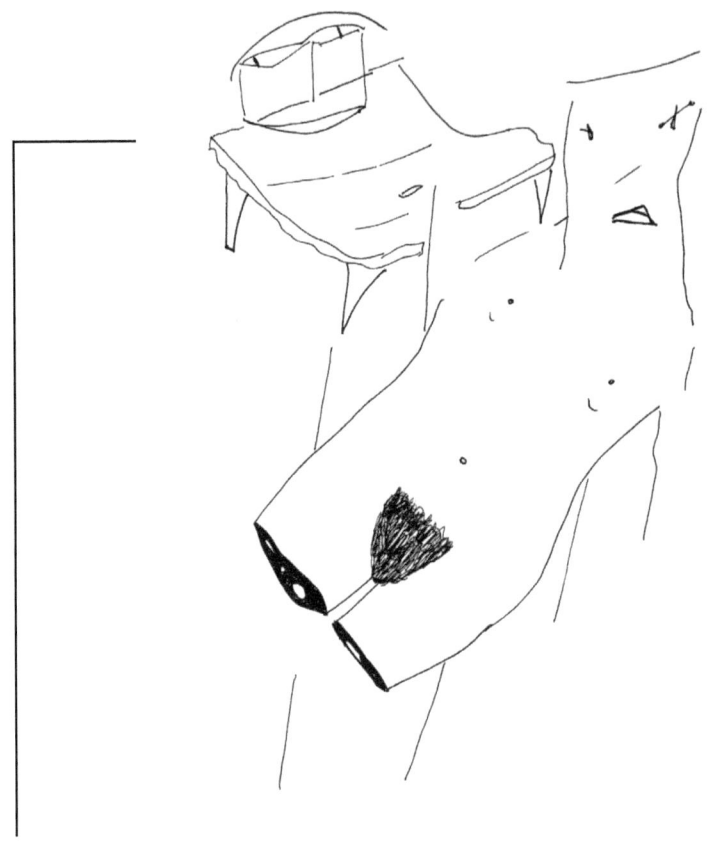

„Ich hab' echt nullnull Bock, sonnen Psycho-Warrior zu verhusten!"

Oder er kommt ver-
kleidet als Klookophob
durchs Fenster gesprun-
gen (was ihm vom Arzt in
letzter Minute erlaubt
wurde).

Was mir bei den Vorbereitungen zu den KrakelZ-Buchletten
immer wieder passiert …:

**EINIGE KOPIEN**

**SIND ORIGINALE**

Karate fur Softies

„Die Herzen, die er zeichnet, sehn aus wie mit
der Handkante eingeschlagene Brokatkissen."

David Bowie als Flutschfinger

„Billig-baff" – die Ähnlichkeit ist verblüffend …

Porträt (um 2018) der Experimental-Dichterin
Ginka Steinwachs

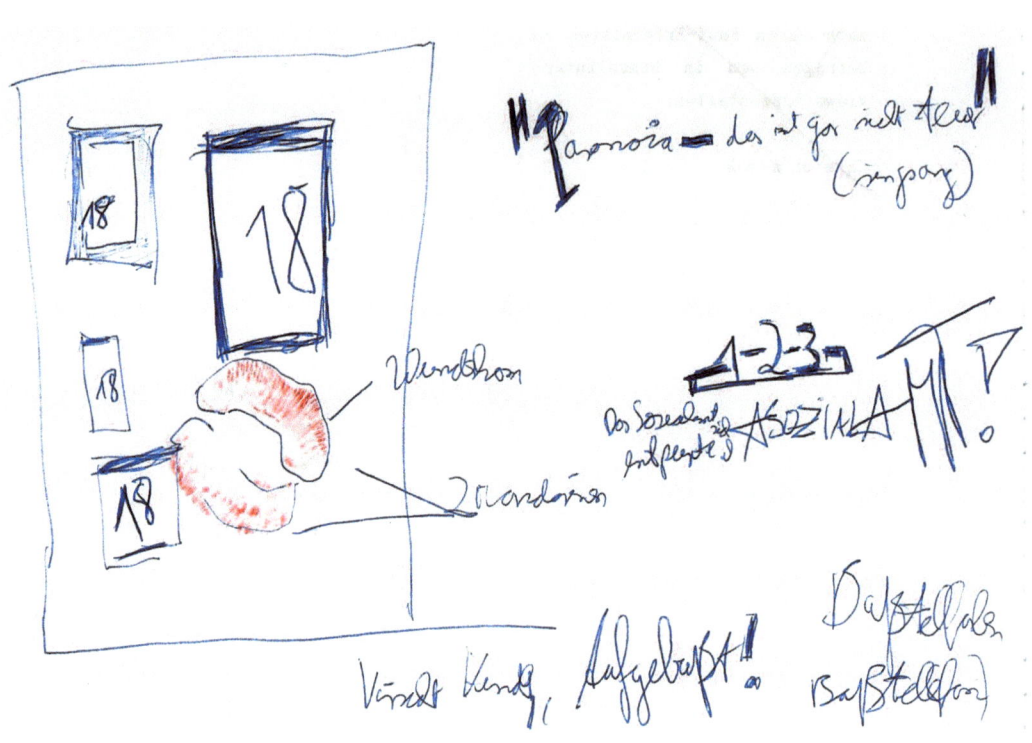

Collage mit Kuss und allerlei Unklarheiten (a Slacker left alone)

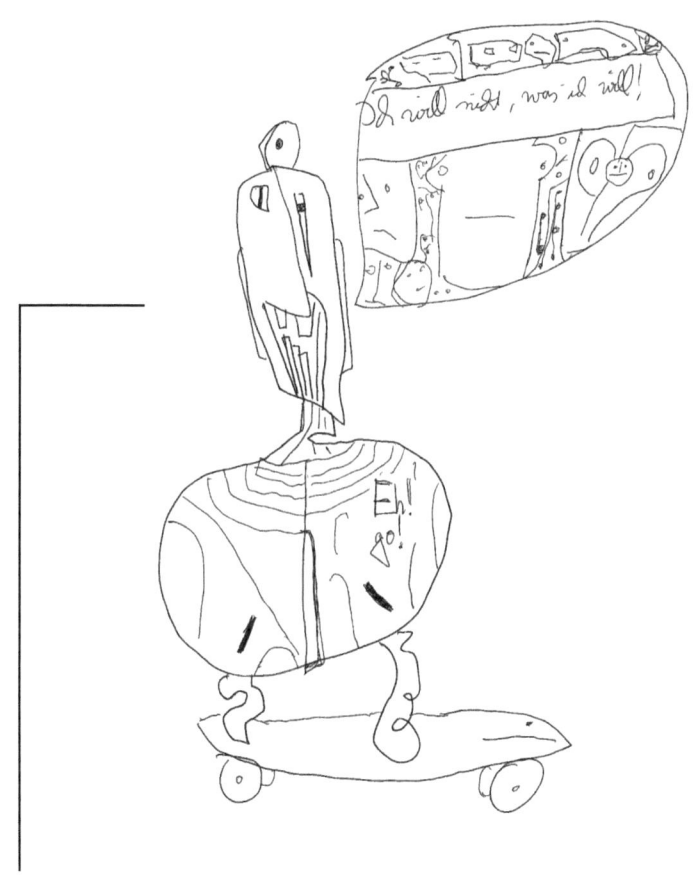

„Ich will nicht, was ich will! Ich kann nicht wollen!"

DIE ANSAMMLUNG VON MISSVERSTÄNDNISSEN

FÜHRT BEI MANCHEN ZUM ERFOLG UND

BEI ANDEREN INS VERDERBEN:

DAS EINE IST NICHT BESSER ALS DAS ANDERE,

ES SIND NUR ZWEI MISSVERSTÄNDNISSE.


*Satz im Bilde*

Der Asthma-Trompeter

„Irgendwas Unterirdisches schwebt über mir …"

**Restaurant 1958, 17.05 Uhr:**
„Haben Sie auch Teddyfutter?" „Nee, nur Rockerfelle."
„Dann möchte ich ein Rockefelle-Fäller-Holzhacksteak."
„Führen wir nicht!"
**„Okay, dann: Sag' zum Service leise Servus …"**

Kaum zu glauben … „nur gute Erfahrungen?"

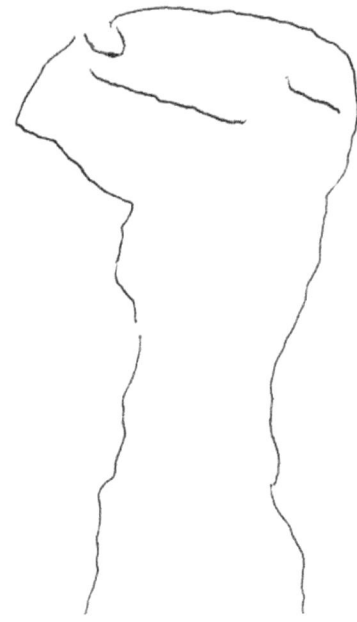

„Irgendwie war Corona meine schönste Zeit. Endlich nicht mehr das Gefühl, dass es den anderen besser geht und man total viel verpasst. Allen erging es so, wie uns ein ganzes Leben. Damit der Rest der Welt mal einen Eindruck gewinnt, wie sich das anfühlt, wenn man nicht in die Puschen kommt … und schon gar nicht nach draußen.“

„Von einer naturgetreuen Darstellung aus der Reihe
**Mensch und UmWelt** wollen wir mal absehen …"

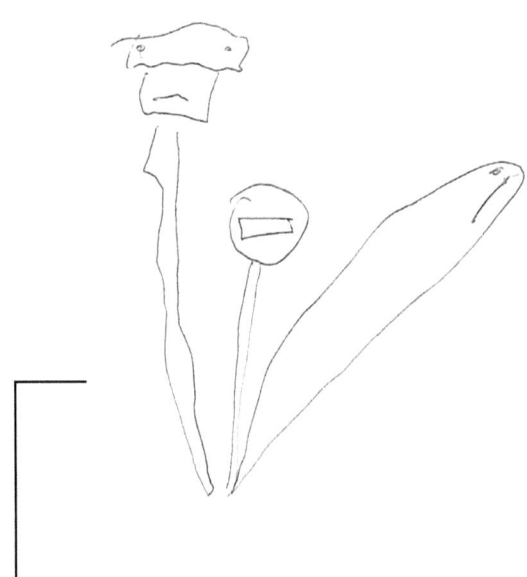

TEXTEM SAGT:
NEIN!

„How much is schade?!"

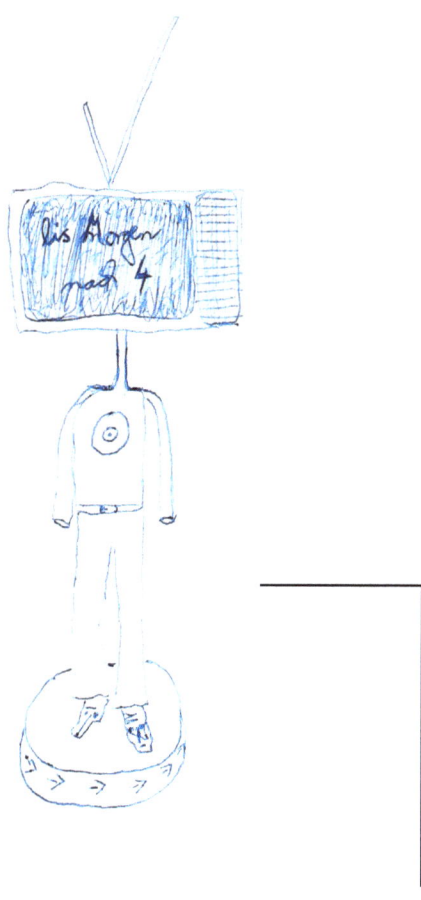

Ruhepause in der Erholungsphase 2c, Testreihe B

ZUKUNFTSMODELL?
„Ich glaub', ich gründ' 'ne WG und zieh dann allein ein."

**Inner Cow**

Die gefragte Bekannte (nicht im Bild) antwortet:
*„Nö. Der ist bei Diethelm Klön. Da gibt's Zankapfeltorte."*

„Ich möchte nicht, dass ein Mondkrater nach mir
benannt wird!"

*Was der ziemlich aus der Form gekommene*
*Positivismus-Teacher empfiehlt:*

„Man kann sagen: ‚Das Glas ist zu 4/5 leer, oder zu 1/5 voll.'
Egal, entscheide Dich nicht und trink beide!"

<u>Cartoon zum Selberzeichnen:</u>

Ein Bio-Metzger auf dem Weg zu sich selbst

„Ich bin gar nicht traurig. Ich hab' genug Sex und genug
Trouble mit Weibchen gehabt. Sollen sich doch andere um
deren Orgasmußchwww.ierigkeitsdifferenZen-Meditationen
kümmern. Was hab' ich noch damit zu tun?! Ich bin ein
Viech!"
„Manchmal muss man den Tieren was ins Maul legen."

**Philosophen-Maske** (mit Bindfaden)
Zur Darstellung einer Weisheit, die heute nicht mehr zu haben ist.

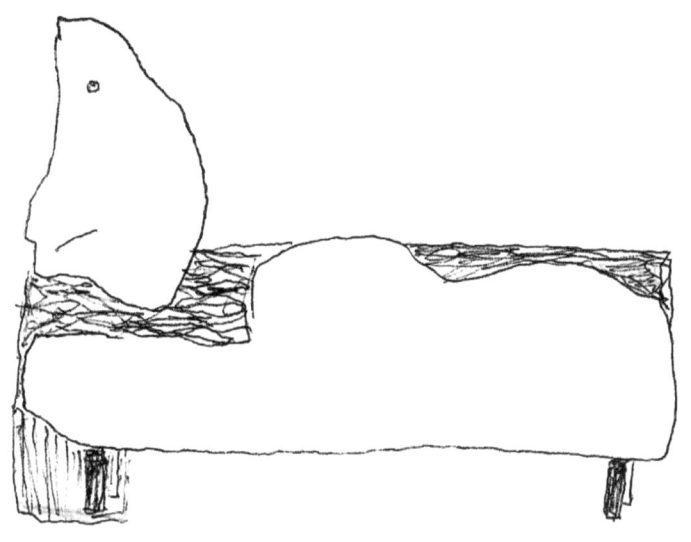

„Das geistige Elend wartet dort,
wo man sich zur Anpassung zwingt",
meint Tanjo.

21. Unter schwebenden Lasten laueri
    ihre Sicherheit.
22. Hände sind unersetzlich! Beseit
    und Trieben.

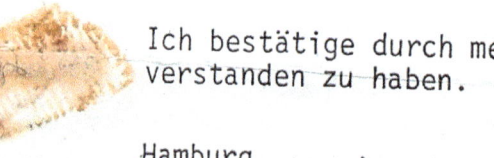

Ich bestätige durch meine Unterschr
verstanden zu haben.

Hamburg ..............................

..............................
( Unterschrift des Mitarbeiters )

**Weggeflogener Schnipsel ohne Unterschrift**

Der fragliche Mitarbeiter ist wahrscheinlich tot.
Er starb eventuell an Kugelschreiberversagen.

„**Krankheit** … darunter verstehen wir einen körperlichen, geistigen oder seelischen Zustand, der die Betroffene/den Betroffenen auf die Hilfe anderer angewiesen sein lässt (nachgewiesen durch den Träger der unterstützenden Einrichtung) oder unverschuldete materielle Notlage durch den dauerhaften Bezug von Sozialhilfe (nachgewiesen durch Bescheinigung der zuständigen Behörde)." Auszug aus den Bewerbungskriterien für den e.V. *LiteraturzurKur*

„So wie die anderen seh' ich nicht aus …"
„Glaubst Du."

„Du bist wie alle anderen. Deshalb mögen Dich alle!"
„?"

Schnuller konnte ich nicht zeichnen, äh, schneller.

Man of the year: MR. CATMATIC and the NO DOG-MAtics

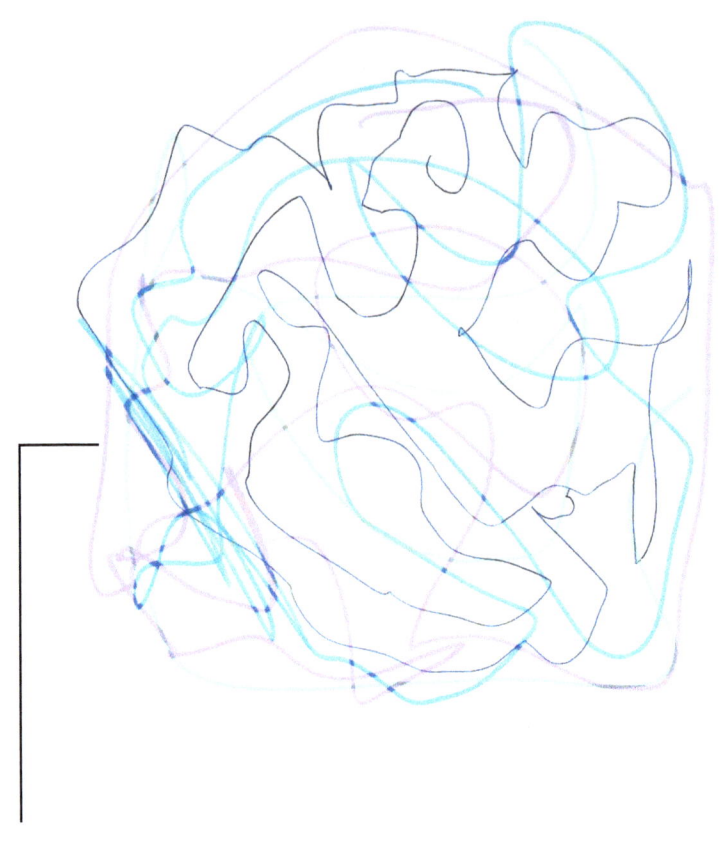

„ICH FIND WEDER DEN EIN- NOCH DEN AUSGANG
VOM LABYRINTH. DAS MUSS AN DER ‚NEUEN NOR-
MALITÄT NACH CORONA‘ LIEGEN.“

„Schuld war nur der Tabaluga. Denn wenn einer Tabaluga
tanzen kann, fängt für ihn die große Liebe an.“
*Das Gegenteil war der Fall, es sah einfach allzu möglich aus.*

# VERFLOSSENES

„Manche Worte sind wie Schuhe, sind wie fortgelaufene Hunde."

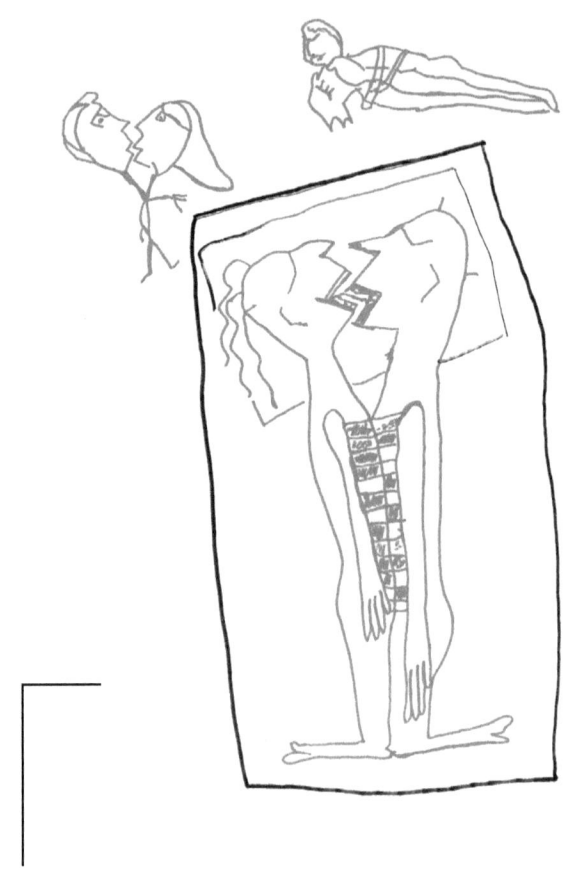

RUMPFPARTNER IM PARTERRE (Gastbeitrag von C, '88 – '91,5)

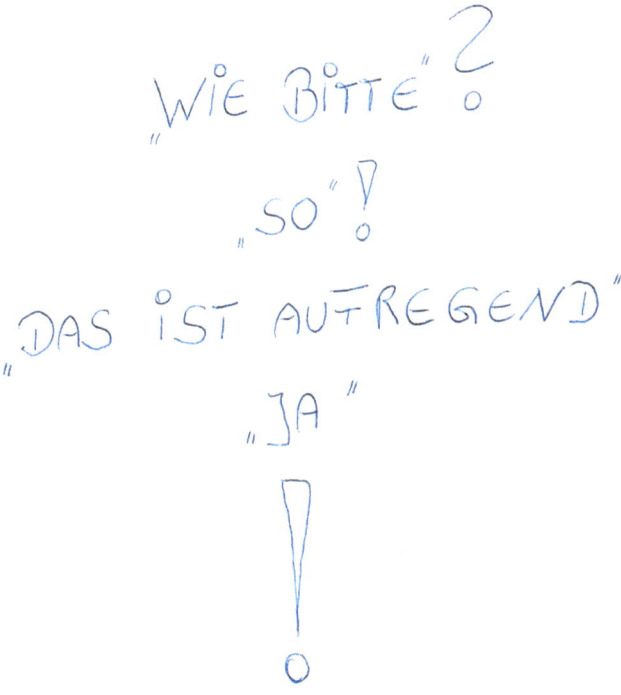

Mitteilung von S. … aus dem Zusammenhang gerissen.

Wie schnell wird aus INA OMA …

„Ich gründe eine neue Künstler-Gruppe:
DIE DISSENDEN DILLTANTEN.“

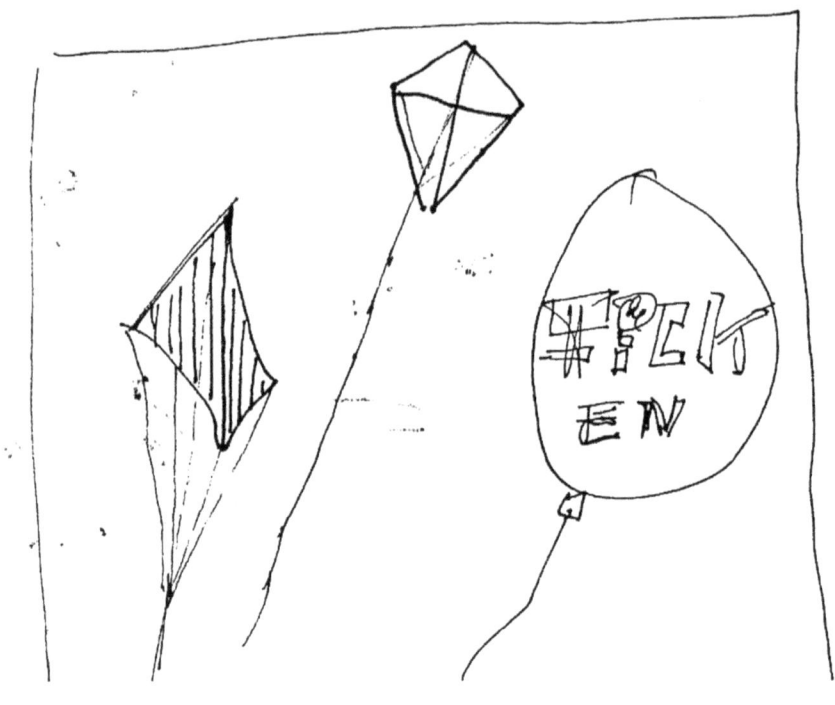

„An die Kraft der Worte zu glauben ist vergebliche Liebesmüh,
solange diese nicht auf Münzen geprägt wurden."

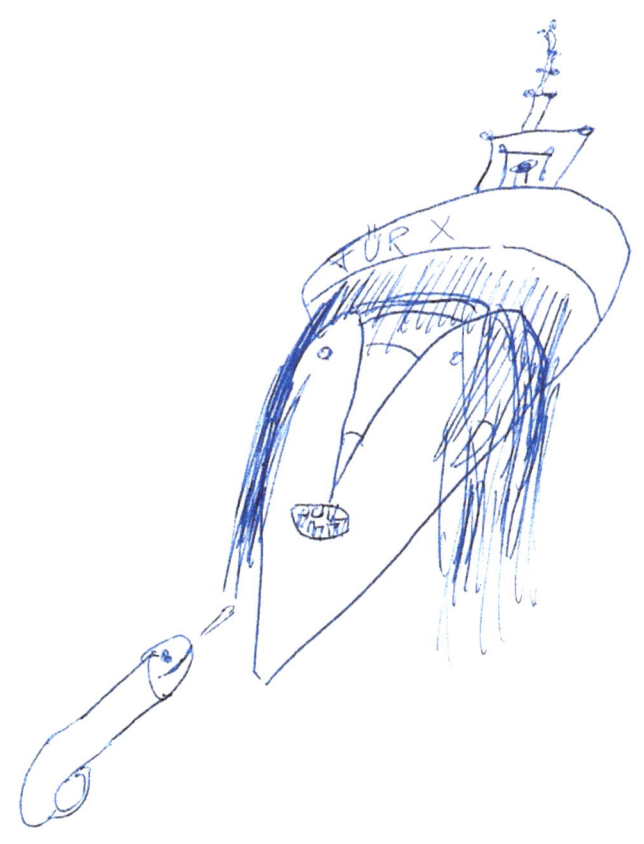

So manche Liebeserklärung kam bei der Frau schlecht an.
Oder gar nicht.

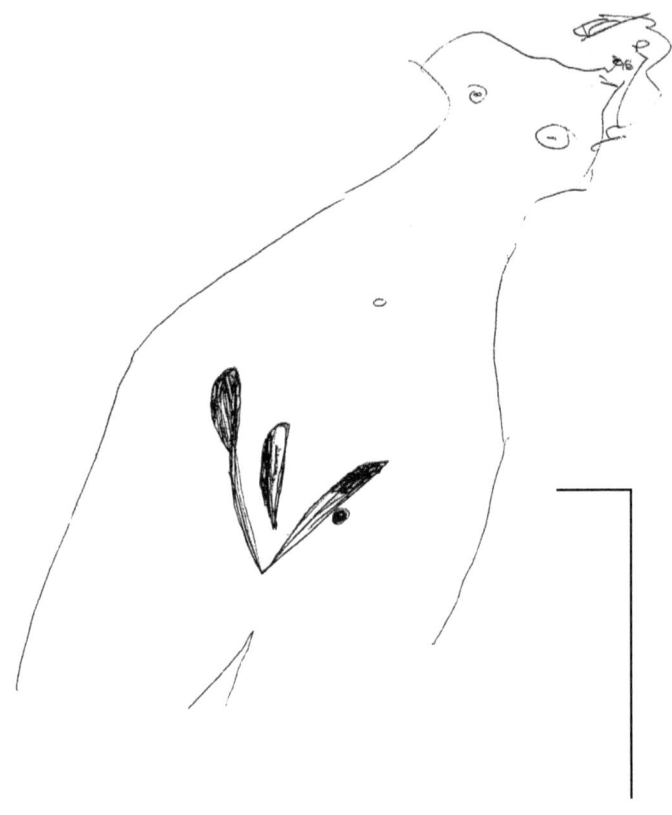

„Love me like I'm not made of stone", singt Lykke Li.
Mein Song.

„Liebe Autor±innen und Autorennen,
warum nur einer? Ich plädiere für fünf Sterne:
Leidensgenoss*****Innen & *****außen = ± 0!"

„Was man im Mund und in den Beinen hat …
muss man … ???! Nee, muss man nicht!"

„Herzl. Glückwunsch zum Geburtstag, nachträglich!"
„Glückwünsche nehm' ich erst nächstes Jahr wieder an."

„Wittgenstein hatte recht:
DIE WELT IST NICHT MEIN FALL.“

„Das einzige, was mir fehlt, ist jemand,
der den Scheiß, den ich mache, anderen erklärt."

„Irgendwie hab' ich mich da mal wieder selbst
*rauskapituliert.*"

„Joah, iss klar, hab' auch mein unfreiwillig unsoziales Jahr."

BREAKING NEWS
„The devilish devils in the corona case are called
MARDERHUNDE UND SCHLEICHKATZEN"

DIE NEUEN TEUFEL

SORRY

IS

THE

LAST

GOODBYE

**Einrichtungsvorschlag**

„Tipp: Kaufen direkt beim Einsiedler"

Soloprojekt: **Kabine '83**

Outcome: *Beautifully pissed*

Mehrzweckprojekt: PHOTO BOOTH 2020

Amphetamine Reptile Records – NOISE OR ANNOYS

1959 als Doppelskorpion in einer 36-stündigen Tor-Tour auf die Welt gezaudert, mache ich Krakelzeichnungen seit 1961, Lyrik seit den 70ern, Journalistik seit '83.

1988 begann ich mit dem Schreiben autofiktionaler Prosa.

Inzwischen sind 13 Bücher erschienen (Romane, Erzählungen, Prosaminiaturen, Gedichte) und Hörspiele.


Von mir als KrakelZeichner gibt's auch noch die

„TATTOOVORSCHLÄGE FÜR HEADBANGER UND BEDHANGER"

Sehr zu empfehlen, KULT-REISSUE!  (Eigenlob winkt.)

Booklet 17 x 17 cm | 72 Seiten | 5,– €

ISBN 978-3-75431-724-2


www.carsten-klook.de

Carsten Klook
Schriftsteller, Journalist, Musiker und Krakelzeichner, lebt in Hamburg.

www.carsten-klook.de